NOUVEL

ALPHABET

ILLUSTRÉ

NOUVEL

ALPHABET

ILLUSTRÉ

Plantes sauvages

PREMIER AGE

LECTURE — ÉCRITURE

ALPHABET ILLUSTRÉ

FLEURS

Trente Gravures

PARIS

E. PICARD, LIBRAIRE-ÉDITEUR

47, QUAI DES GRANDS-AUGUSTINS

(417)

AGRICULTURE

Travaux

des

Champs

LETTRES MAJUSCULES

A B C D

E F G H

I J K L

M N O P

LETTRES MAJUSCULES

Q R S T

U V W X

Y Z Æ OE

1 2 3 4 5 6 7 8 9 0

LETTRES MINUSCULES

a b c d e f g h
i j k l m n o p
q r s t u v w x
y z æ œ

LETTRES ITALIQUES

a b c d e f g h i
j k l m n o p q r
s t u v w x y z æ œ

LETTRES ANGLAISES MAJUSCULES ET MINUSCULES.

A B C D E F G

a b c d e f g

H I J K L M N

h i j k l m n

O P Q R S T U

o p q r s t u

V W X Y Z

v w x y z

SYLLABES

Elles se composent d'une ou plusieurs lettres
qui se prononcent en un seul son.

A ba–ab, ca–ac, da–ad, fa–af, ga–ag, ha–ah, ja–aj, ka–ak, la–al, ma–am, na–an, pa–ap, qa–aq, ra–ar, sa–as, ta–at, va–av, xa–ax, za–az.

E be–eb, ce–ec, de–ed, fe–ef, ge–eg, he–eh, je–ej, ke–ek, le–el, me–em, ne–en, pe–ep, qe–eq, re–er, se–es, te–et, ve–ev, xe–ex, ze–ez.

I bi—ib, ci—ic, di—id, fi—if,
gi—ig, hi—ih, ji—ij, ki—ik,
li—il, mi—im, ni—in, pi—ip,
qi—iq, ri—ir, si—is, ti—it,
vi—iv, xi—ix, zi—iz.

O bo—ob, co—oc, do—od, fo—of,
go—og, ho—oh, jo—oj, ko—ok,
lo—ol, mo—om, no—on, po—op,
qo—oq, ro—or, so—os, to—ot,
vo—ov, xo—ox, zo—oz.

U bu—ub, cu—uc, du—ud, fu—uf,
gu—ug, hu—uh, ju—uj, ku—uk,
lu—ul, mu—um, nu—un,
pu—up, qu—uq, ru—ur, su—us,
tu—ut, vu—uv, xu—ux, zu—uz.

LES MOTS SONT COMPOSÉS D'UNE OU PLUSIEURS SYLLABES

La – je – il – on – tu – sa – de
ni – ou – ta – le – et – ce – an.

Air – que – oui – non – par
les – son – mon – eux – lui.

Dans – rend – prix – trop
plus – jour – parc – gras – vent
nuit – ours – tour – tant – très.

Trait – gland – temps – plomb
grands – points – sphinx – fleurs.
Nu – mé – ra – ti – on, na – tu – re.
Eu – ro – pe, sau – ter, din – don,
plu – mer, cou – rir, o – ra – ges.
Cha – leur, fraî – cheur.

Les phrases sont composées de mots.

VOYELLES ET CONSONNES.

—

VOYELLES: a, e, i, o, u, y.

CONSONNES: b, c, d, f, g, h, j, k, l, m, n,
p, q, r, s, t, v, w, x, z.

ACCENTS.

—

é aigu, è grave, ê circonflexe.

SIGNES.

—

, virgule — ; point et virgule — . point
— : deux points — ' l'apostrophe — ? point
d'interrogation — ! point d'exclamation
- le trait d'union — ç cédille — ë tréma.

CHIFFRES

ARABES		ROMAINS
1	un	I
2	deux	II
3	trois	III
4	quatre	IV
5	cinq	V
6	six	VI
7	sept	VII
8	huit	VIII
9	neuf	IX
10	dix	X
20	vingt	XX
30	trente	XXX
40	quarante	XL
50	cinquante	L
60	soixante	LX
70	soixante-dix	LXX
80	quatre-vingts	LXXX
90	quatre-vingt-dix	XC
100	cent	C
500	cinq cents	D
1000	mille	M

---

1 2 3 4 5 6 7 8 9 0

ANÉMONE

L'é – lé – gan – ce et l'é – clat de ces fleurs, les font cul – ti – ver dans tous les jar – dins ; el – les fleu – ris – sent dès les pre – miers jours du prin – temps, et, ne s'é – pa – nou – is – sent qu'au souf – fle du vent ; de là leur vient le nom d'A – né – mo – nes.

Il y a sept jours dans la Semaine :

Lundi, Mardi, Mercredi, Jeudi, Vendredi, Samedi, Dimanche.

ANÉMONE   *a*   A-né-mo-nes

Anémone   α   *Anémone*

BIGNONIA

Les Big — no — nes, dont il y a un grand nom — bre d'es — pè — ces, sont des ar — bris — seaux grim — pants o — ri — gi — nai — res des Tro-pi-ques. Ils don — nent a — bon — dam — ment, en juil — let et en a—oût, des grap-pes de très bel—les fleurs.

L'année est composée de douze mois : Janvier, Février, Mars, Avril.

BIGNONIA

b

Bignonia   *Bignouix*

2

COQUELICOT

Beau — coup de plan — tes ra — res, en ré — com — pen — se des soins mi — nu — ti — eux qui leur sont pro — di — gués, ne don — nent que des ré — sul — tats im — par — faits.

Les Co — que — li — cots ou pa — vots des champs, à cau — se de leur trop fa — ci — le re — pro — duc — tion, ne jou — is — sent pas des a — van — ta — ges qui pour — raient leur ê — tre ac — cor — dés.

Mai, Juin, Juillet, Août, Septembre, Octobre, Novembre, Décembre.

COQUELICOT

c Co-que-li-cots

Coquelicot   c   *Coquelicot*

DAHLIA

Ces bel−les plan−tes, d'u−ne cul − tu − re ex−trê−me−ment fa−ci−le, or−nent tous les jar−dins.

Les fleurs qui pa−rent le som − met des ti − ges et des ra − meaux s'é − pa−nou−is−sent en juil−let et du−rent jus−qu'aux ge−lées.

On divise l'année en quatre saisons:
Le Printemps, l'Été, l'Automne, l'Hiver.

DAHLIA   *d*   Dah-li-as

Dahlia   *d*   Dahlia

ELLÉBORE

Les El-lé-bo-res, vul-gai-re-ment ap-pe-lés ro-ses de No-ël, at-ten-dent à pei-ne pour fleu-rir la fon-te des nei-ges. Cet-te pré-co-ci-té les fait ad-met-tre dans les jar-dins com-me plan-te d'or-ne-ment.

Le Soleil, la Terre, la Lune, les Étoiles, l'Air, le Vent, l'Eau.

ELLÉBORE

c   El-lé-bo-res

Ellébore   *e*   *Ellébore*

FUCHSIA

La beau – té et la pro – fu – si – on des fleurs de cet ar – bus – te, la du – rée de sa flo – rai – son et sa fa – ci – li – té de re – pro – duc – ti – on, font qu'il est très – ré – pan – du quoi – qu'il ne puis – se pas – ser l'hi – ver en plei – ne ter – re.

IL Y A DEUX GENRES :

Le Genre masculin,
Le Genre féminin.

FUCHSIA

f

Fuch-si-as

Fuchsia   *f*   *Fuchsia*

GÉRANIUM

Les espèces de Géraniums sont nombreuses et très-variées; leurs fleurs sont sans parfums et les feuilles odorantes.

Ces plantes figurent dans tous nos jardins; elles les parent de fleurs, soit en magnifiques bordures, soit en superbes massifs, du printemps à l'hiver.

Les êtres mâles sont du genre masculin.
Les êtres femelles sont du genre féminin.
L'usage règle le genre des êtres inanimés

GÉRANIUM

g   Gé-ra-ni-ums

Géranium   *g*   *Géranium*

HORTENSIA

La belle plante qui porte ce nom est appelée rose du Japon dans son pays natal. Elle y est très-cultivée, ainsi qu'en Chine, comme plante d'ornement.

Les Hortensias sont absolument privés des suaves parfums propres aux végétaux de la famille des roses.

Un homme, un arbre.
Une femme, une plante.

HORTENSIA

h   Hor-ten-si-as

Hortensia   ♭   𝔥ortensix

IRIS

L'Iris se fait remarquer entre toutes les belles fleurs, par son port majestueux, ses formes élégantes et la variété de ses merveilleuses couleurs.

Cette magnifique plante se multiplie par les racines et croît presque partout sans exiger de soins. La fleur est sans parfum, mais il semble que la nature l'en ait ainsi privée pour le conserver plus entièrement dans les tubercules.

Il y a deux nombres :

Le singulier et le pluriel.

IRIS

i   I-ris

Iris   *i*   *Iris*

JONQUILLE

Cette plante fait partie de la famille des Narcisses, elle en forme une espèce très-recherchée pour sa jolie fleur et l'agréable odeur qu'elle répand.

Dans les jardins elle est très-cultivée; dans les appartements, au plus fort des hivers tristes et froids qui engourdissent la nature, les Jonquilles nous font jouir de leur parfum et de l'éclat de leurs fleurs.

Le singulier s'emploie pour désigner un être, un objet; le pluriel, quand il y a plusieurs êtres ou plusieurs objets.

JONQUILLE

j

Jon-quil-les

Jonquille   *j*   *Jonquille*

3

KETMIE

En Afrique, aux Antilles et dans nos colonies, les feuilles de la ketmie ont la saveur acidule de notre oseille. Cette plante est très-remarquable par la beauté de ses fleurs, la variété de ses espèces et les différents usages auxquels on l'emploie. Introduite dans nos cultures depuis longtemps, la Ketmie s'y est parfaitement naturalisée.

Un enfant, des enfants.
Une maison, des maisons.
Un jardin, des jardins.

KETMIE

k   Ket-mies

Ketmie   k   *Ketmie*

LYS

Parmi les nombreuses espèces de Lys, le Lys blanc est l'une des plus belles. Originaire du Levant, il est cultivé dans tout le midi de l'Europe; il se fait remarquer par sa colonne élancée que couronne un chapiteau de fleurs, grandes, du blanc le plus pur et du parfum le plus suave.

A B C D E F G H I J K L M N

LYS

l

Lys

Lys

l

Lys

MARGUERITE

La Botanique nomme Astères les plantes appelées par tout le monde Marguerites ou Reines-Marguerites. Originaire de la Chine et du Japon, la Marguerite a été transportée en Europe vers 1730.

D'abord à fleurs simples et blanches, cette plante est devenue, par la culture, extrêmement variée.

O P Q R S T U
V W X Y Z

MARGUERITE

m   Mar-gue-ri-tes

Marguerite   *m*   *Marguerite*

NARCISSE

Les Narcisses ont une odeur suave et un port gracieux, qui les font rechercher et cultiver avec une certaine prédilection. En hiver, dans l'appartement où la température est douce, ils fleurissent à côté de la Jacinthe leur rivale et répandent ensemble leur doux parfum.

_A B C D E F G H I J K L M_
_N O P Q R S T U V W X Y Z_

NARCISSE *n* Nar-cis-ses

Narcisse u *Narcisse*

ŒILLET

La grâce de ses formes, la beauté
et la suave odeur des fleurs de cette
plante, la fait très-rechercher; on la
cultive dans les jardins, sur la fenê-
tre et dans la jardinière de salon.
Les variétés de l'Œillet sont innombrables; primitivement rouge, il a
subi presque tous les changements
de couleur imaginables.

A B C D E F G H I J
K L M N O P Q R S
T U V W X Y Z

ŒILLET

o

ŒEillet o ŒEillet

PRIMEVÈRE

Le nom de ce genre de plantes, réveille l'agréable souvenir des premières belles journées de printemps; car les Primevères s'empressent de les embellir.

Les espèces de Primevères sont nombreuses, très-variées et apparaissent sous différentes formes, très-caractérisées, de fleurs et de feuillage.

a b c d e f g h i j k l m

n o p q r s t u v w x y z

PRIMEVÈRE

p

Pri-me-vè-res

Primevère. p *Primevère*

QUINQUINA

On désigne sous les noms de Quinquina, Écorce du Pérou, Écorce péru-
vienne, différentes écorces d'arbres
qui croissent au Pérou et dans plusieurs autres parties de l'Amérique
du Sud.

Les Quinquinas sont employés très-
souvent comme médicament; leurs
qualités éminemment toniques ren-
dent aux malades les forces qu'ils
ont perdues.

a b c d e f g h i j k l m

n o p q r s t u v w x y z

QUINQUINA

q

Quin-qui-nas

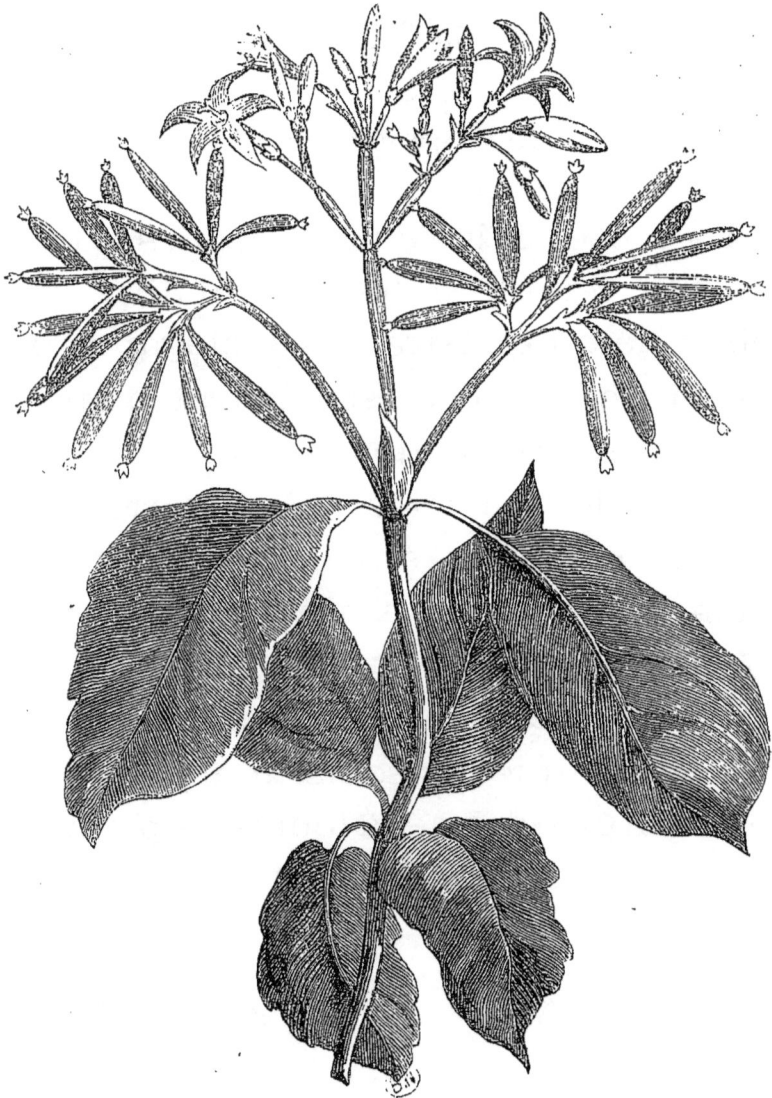

Quinquina q *Quinquina*

ROSE

La Rose est la reine des fleurs, parce qu'elle réunit toutes les qualités recherchées et désirables. L'élégance de la forme, la délicatesse, la fraîcheur et la grâce; la splendeur et la finesse du coloris; les variétés les plus grandes des couleurs; la suavité du parfum; rien ne manque à cette magnifique production de la nature.

Toutes les espèces sont belles et n'exigent que les soins généraux qui doivent être donnés à toutes les plantes.

a b c d e f g h i j k l m

n o p q r s t u v w x y z

ROSE

r   Ro-ses

Rose   *v*   *Rose*

4

SERINGAT

Cet arbrisseau qui appartient à la famille des Myrthes, porte au printemps d'innombrables bouquets de fleurs blanches. Deux espèces de Seringat sont généralement répandues ; la première, originaire des pays tempérés de l'Europe et de l'Asie, est le Seringat odorant ; la deuxième, le Seringat inodore , a été apporté de l'Amérique du centre.

a b c d e f g h i j k l m n o p q r s t u v w x y z

1 2 3 4 5 6 7 8 9 0

SERINGAT

ſ

Se-rin-gats

Seringat ſ *Seringat*

TULIPE

Cette plante printanière, à tige haute suppor-
tant une très-belle fleur aux couleurs très-vives
et très-variées, sous le poids de laquelle la tige se
courbe gracieusement, est très-remarquable aussi
par ses belles feuilles ondulées. Bien qu'elle soit
sans parfum, la Tulipe a été très-cultivée ; il en
existe plus de six cents variétés et l'on en cherche
toujours de nouvelles. En Perse, cette superbe
fleur est l'objet d'un culte particulier, tous les ans
on y célèbre la fête des Tulipes.

Cher Papa. Chère Maman

TULIPE

t

Tu-li-pes

Tulipe

t

Tulipe

UVULAIRE

Cette plante et toutes celles qui font partie du même genre sont exotiques, c'est-à-dire qu'elles sont originaires de pays étrangers; du Japon, de la Chine, du Canada, de la Caroline, etc.

L'espèce de la Chine est la plus remarquable par son port, par ses feuilles, et par ses fleurs à corolle d'un pourpre foncé.

J'aime mes bons parents.

UVULAIRE *u* U-vu-lai-res

Uvulaire u *Ovulaire*

VOLUBILIS

Les Volubilis ou Liserons, forment plus de trois cent-cinquante espèces qui croissent dans toutes les parties du globe; elles sont plus nombreuses et douées de propriétés plus actives sous l'influence du soleil équatorial.

Cette plante grimpante, à fleur grande, colorée et gracieuse, offre d'immenses ressources à l'amateur de jardinage.

Les enfants studieux sont toujours récompensés.

VOLUBILIS

v   Vo-lu-bi-lis

Volubilis   *v*   *Volubilis*

XÉRANTHÈME

Les Xéranthèmes sont plus connues sous le nom d'*Immortelles*; on les a ainsi appelées parce que les fleurs ne se fanent pas.

C'est cette particularité qui les a fait adopter pour la décoration des tombes dans les cimetières ; elles y sont l'emblême des souvenirs et des regrets.

On n'apporte jamais trop d'attention

à l'éducation de ses enfants.

XÉRANTHÈME

x   Xé-ran-thè-mes

Xéranthème   *x*   *Xéranthème*

YUCCA

Le Yucca est originaire de l'hémisphère occidental; ses belles espèces sont cultivées dans les campagnes de l'Amérique et surtout au Pérou où elles abondent.

Des espèces très-rustiques, importées en France, se cultivent en pleine terre et produisent, au milieu de nos gazons, un effet très-pittoresque. Le Yucca pendula est plus sensible au froid.

a b c d e f g h i j k l m n

o p q r s t u v x y z

YUCCA

y   Yuc-cas

Yucca   *y*   *Yucca*

ZINNIA

Ce n'est pas seulement comme plante d'ornement que nous intéressent les Zinnies ; c'est aussi comme objet d'étude pour les nombreuses particularités qu'elles présentent.

Ces plantes, très-remarquables par leur forme générale, prospèrent et se multiplient très-facilement ; elles se font admirer par la beauté, l'élégance, l'éclat et la vivacité de leurs fleurs épanouies en été et durant tout l'automne.

Une espèce des plus robustes, la Zinnie roulée, originaire du Mexique, se couvre, du mois de juillet jusqu'aux premières gelées, d'un grand nombre de fleurs d'un très-beau rouge ; et ces fleurs conservent leur couleur même après une entière dessication.

ZINNIA

z

Zin-ni-as

Zinnia   z   *Zinnia*

MAJUSCULES GOTHIQUES

A B C D E F G
H I J K L M N
O P Q R S T U
V W X Y Z

MINUSCULES GOTHIQUES

a b c d e f g h i j
k l m n o p q r s t
u v w x y z

PARIS.—IMPRIMERIE JULES BONAVENTURE, 55, QUAI DES AUGUSTINS

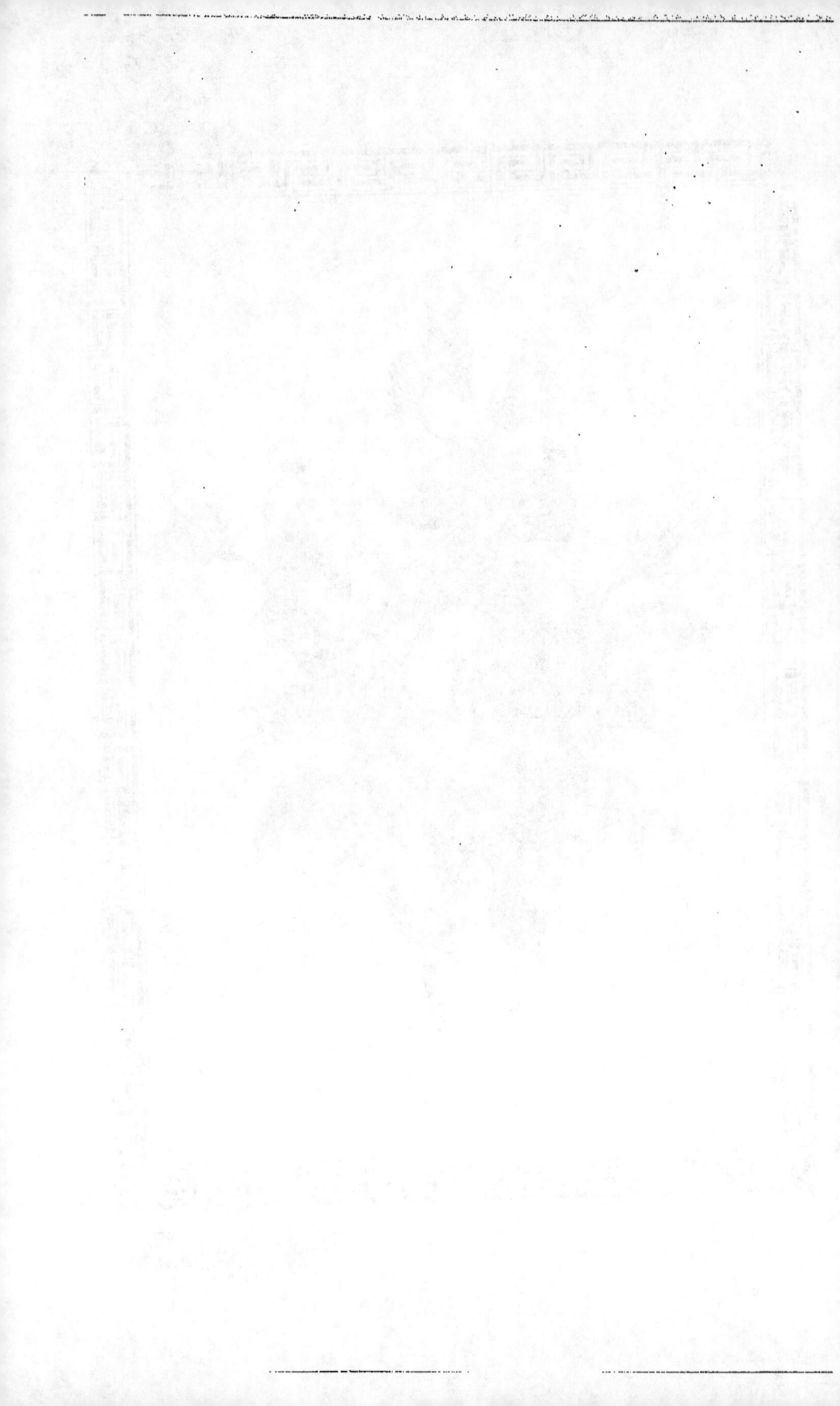

www.ingramcontent.com/pod-product-compliance
Lightning Source LLC
LaVergne TN
LVHW021724080426
835510LV00010B/1124